CONFIANCE

PAR

GUSTAVE LAZARD

———— ❦ ————

PARIS

E. DENTU, LIBRAIRE-ÉDITEUR

PALAIS ROYAL, 13 ET 17, GALERIE D'ORLEANS

—

1861

CONFIANCE

Nous traversons depuis plusieurs années d'é-
tranges embarras.

En voici le fidèle exposé :

Que quelques sacs d'écus passent momentané-
ment la frontière pour solder des achats de grains
conclus à l'étranger, de suite on croit tout perdu,
on crée à plaisir des alarmes, des difficultés ima-
ginaires, on s'abandonne sans raison au découra-
gement le plus irréfléchi et le plus pernicieux.

Par un heureux contraste, et grâce à la prodi-
gieuse et salutaire influence de ce simple fait :

LA CONFIANCE.

voici le merveilleux changement qui s'opère dans
la situation jugée peu d'heures avant si désespérée.

Obéissant à une puissante et vigoureuse impulsion, le Crédit reconquiert tout d'un coup sa fécondante élasticité, les Affaires se raniment comme par enchantement, le Travail, les Débouchés, les Revenus sont assurés à tous, une expansion du Bien-Être général en est la bienfaisante, la productive conséquence, et la Bourse salue par une importante hausse, tant de symptômes significatifs et tant d'heureux présages de la solution définitive de tous les embarras.

La vérité nous oblige d'ajouter que la situation actuelle, tout en s'étant grandement améliorée, est encore loin d'être aussi satisfaisante qu'il semblerait résulter de cet exposé rassurant.

La Banque d'Angleterre, il est vrai, vient d'abaisser le taux de son escompte à 3 0/0, la réserve de la Banque de France, par suite d'arbitrages entre Londres, Paris et Anvers, a été un peu préservée ; l'argent est abondant hors Banque, ainsi que le constate l'affluence des souscripteurs de bons du Trésor et la hausse de la Bourse, occasionnée par des achats considérables au comptant.

Bien plus, on peut considérer comme très-rassurants pour l'avenir, les remarquables discours prononcés pas M. Denière, président du Tribunal de commerce, et par M. Blanche, avocat-général à la Cour de cassation, discours permettant d'espérer les plus importantes et les plus utiles améliorations dans nos lois commerciales; améliorations de nature à exercer une heureuse et trés-salutaire influence sur tous les éléments qui composent la Richesse du pays.

Nous ne pouvons, non plus, passer sous silence les importantes modifications gouvernementales et financières qui s'accomplissent à l'heure où nous écrivons, et dont la réalisation, tout porte à l'espérer, permettrait enfin de dégager toute la Production, tout le Commerce, tous les intérêts vitaux du pays, de désastreux et illogiques embarras qui s'opposent continuellement au développement régulier des Richesses, du Bien-Être général et de la Prospérité.

Le moment sera des mieux choisis, des plus opportuns ; car les embarras ne sont qu'assoupis et la moindre demande importante de numéraire, dont il en existe encore de grands besoins, suffirait pour faire renaître de nouvelles difficultés (1).

Nous avons présenté la situation sous un jour favorable et satisfaisant, attendu qu'aucun motif sérieux ne s'opposerait à ce qu'il en fût ainsi.

Tous les embarras dont nous ne pouvons sortir proviennent principalement de ce que l'on s'effraye sans raison de difficultés ne pouvant résister à un examen consciencieux et approfondi.

Soumettre ces difficultés à l'infaillible tribunal de la Logique et du Bon Sens, établir, d'accord avec l'illustre citation placée en tête de ce travail, que la plus grande cause du malaise réside dans les esprits :

Tel est le moyen naturel et le plus efficace de triompher d'embarras qui, fort heureusement, ne proviennent pas du fond des choses, mais bien d'une très-fausse appréciation des faits accomplis.

Arrivons droit au but :

La diminution de l'encaisse métallique de la Banque de France, a toujours été le signal et le point de départ de tous les embarras. Or, cette diminution est loin d'avoir l'importance inconsidérée que l'on se plaît à lui attribuer.

La richesse métallique de la France n'étant pas uniquement représentée par la réserve de la Ban-

---

(1) Le bilan de la Banque de France, en date du 14 novembre, accuse une nouvelle diminution de dix-neuf millions dans l'encaisse.

que, c'est donc loin d'être un motif, lorsque cette réserve diminue, pour en conclure que le numéraire manque ou que la France est appauvrie.

Les exportations d'espèces ne sont pas la seule cause de la diminution de l'encaisse de la Banque. Le développement général des affaires y contribue dans de bien plus puissantes proportions.

Faute de se rendre compte des déplacements inévitables de numéraire occasionnés par le mouvement général des affaires, il en résulte que le développement si désirable de l'aisance générale est fatalement destiné à devenir le point de départ des plus fâcheuses difficultés.

Plus l'aisance générale se développe, plus nous sommes sous le coup de désastreux embarras.

Tel est le cercle vicieux dans lequel nous tournons depuis plusieurs années et dont les crises périodiques que nous traversons en pleine contradiction avec les merveilleux Progrès accomplis, sont la fatale confirmation.

Prenons pour exemple la crise si intense de 1855-56.

On ne peut mettre en doute que la crise de 1855-56 ait eu pour origine, pour plus puissante cause, l'énorme décentralisation de numéraire qui s'est opérée à la suite de la construction des chemins et du développement considérable imprimé à toutes les entreprises d'industrie (1).

Voici comment un tel effet s'est produit :

(1) Il faut le reconnaître, si le numéraire est rare jusqu'à un certain point dans les grands centres de population, il n'en est pas de même dans les campagnes où, depuis quatre ans, le prix élevé des travaux de la terre et l'éxécution des grands travaux de chemins de fer ont attiré et dispersé l'argent jusqu'au fond de nos départements les plus éloignés.

Darblay, jeune,
(Rapport des Censeurs de la Banque, 29 janvier 1857).

L'essor incalculable imprimé à toute la production par suite des immenses travaux entrepris et
l'aisance générale qui en a été la conséquence naturelle et salutaire, a eu pour résultat de détour-
ner peu à peu le numéraire des grandes réserves,
en le disséminant dans une multitude de petites
mains.

Ce disséminement du numéraire s'opérant
d'une manière insensible et continue, n'a pas
éveillé l'attention. Il en est résulté qu'à la première
demande importante, dont un déficit de récolte a
été la cause, la réserve de la Banque a rapidement diminué. Une rareté apparente d'argent s'est
produite, et de suite, sans plus d'examen, sans
réfléchir à tout le numéraire éparpillé dans l'intérieur du pays, on a follement conclu que tout
l'argent partait pour l'étranger.

C'est en conséquence de ce faux raisonnement
qu'une crise terrible s'est déclarée au milieu
même et en pleine contradiction avec les plus mer.
veilleux éléments de prospérité que l'on pût désirer.

Une crise se déclarant par suite du développement de la prospérité, ce serait à ne pas y croire
si le fait n'était officiellement constaté par le
passage suivant extrait d'un rapport sur la situation financière du pays, adressé, le 7 octobre 1856,
à S. M. l'Empereur, par M. Magne, ministre des
finances.

« Chose singulière, les embarras ne devaient
« venir que de la prospérité même, et en quelque
« sorte des excès de la confiance ; par une heureuse
« nécessité, les efforts du gouvernement ont dû
« s'appliquer non à provoquer mais à restreindre
« l'élan général. »

Les embarras ne pouvaient venir de la prospérité, ils résultaient bien plutôt, ainsi que nous
l'avons établi, de la transformation des grandes

réserves en une multitude de petites. Fait économique de la plus haute importance et qui s'était accompli sans éveiller aucunement l'attention.

En résumé, la crise de 1855-56 aurait été évitée, et l'on n'aurait pas été obligé, le 9 mars 1856, de mettre obstacle, d'arrêter l'essor incalculable de Richesse et de Prospérité qui se préparait, si l'on avait le moindrement réfléchi à cette cause naturelle de la diminution de l'encaisse de la Banque.

Il n'est jamais trop tard pour bien faire. Une expérience aussi significative, aussi chèrement payée, devrait profiter ; il n'en est rien cependant. Nous nous retrouvons encore sous le coup des mêmes difficultés, en présence des mêmes faits contradictoires, et rien n'indique, dans les mesures prises, que l'on songe seulement à tenir compte des durs enseignements du passé.

C'est toujours la diminution de l'encaisse métallique qui devient le point de départ de tous les embarras ; et toujours l'on s'obstine à ne pas vouloir tenir compte de l'immense quantité de numéraire répandu dans le pays. On évalue pourtant la richesse métallique de la France à trois milliards de francs au moins.

S'inquiéter de la rareté du numéraire quand on en possède trois milliards, n'est-ce pas la plus puissante preuve que toutes les difficultés monétaires ne reposent sur aucun fondement sérieux.

Il doit exister un obstacle au fonctionnement régulier de la circulation ; c'est là, et non dans les exportations d'espèces, même nécessitées par l'insuffisance des récoltes, que réside le germe de tous les embarras.

Le véritable motif qui s'oppose au fonctionnement régulier de la circulation monétaire, provient de ce que l'on ne s'occupe aucunement de faciliter le mouvement d'évolution que doit accomplir le numéraire pour revenir à son point de départ et pouvoir de nouveau suffire aux besoins des échanges, des transactions et même des exportations.

De même que dans une maison bien dirigée, aucune affaire n'est entreprise sans que les conséquences en soient rigoureusement calculées et prévues. De même, si nous voulons enfin sortir des embarras de toutes sortes que nous ne cessons de traverser, devons-nous arriver à nous rendre compte, à prévoir toutes les conséquences résultant du mouvement général de la production et du mécanisme si compliqué des échanges et de la circulation.

Les connaissances économiques sont tellement négligées, qu'il ne sera pas inutile d'entrer dans quelques explications sur le mécanisme de la circulation monétaire et sur le moyen possible de la régulariser.

Lorsque la production se développe activement, les besoins intérieurs du numéraire augmentent en raison de ce développement ; car il faut suffire dans des proportions de plus en plus étendues à la rénumération des travailleurs, soit au paiement des salaires, et aux besoins si multiples des transactions (1). Il en résulte un immense déplacement de numéraire qui sort des caves de la Banque pour s'infiltrer de plus en plus dans les mille et mille canaux de la circulation et se répandre en pluie bienfaisante dans tout l'intérieur du pays.

Le développement régulier des affaires et de la prospérité générale tendant, A DÉFAUT DE PETITS BILLETS DE BANQUE, à faire sortir le numéraire des

____

(1) Le paiement des salaires et les besoins des transactions commerciales exigent une somme des plus importantes en numéraire. Les billets de 50 fr. diminueraient ces besoins forcés de numéraire dans de très-grandes proportions.

caves de la Banque pour le répandre dans tout le pays, telle est donc la véritable raison de la rareté du numéraire en certains moments, rareté qui, loin d'être un sujet d'inquiétudes et d'alarmes, est au contraire, dans la plupart des cas, l'indice d'affaires actives, prospères et suivies.

Le numéraire se répandant de plus en plus dans le pays et fécondant sur son passage tous les éléments de la prospérité, telle est la première période du mouvement d'évolution qu'il doit accomplir. Mais ce n'est pas le tout qu'il reflue vers les extrémités, il faut qu'il revienne au centre, c'est-à-dire à la Banque de France pour remplir à nouveau son rôle bienfaisant.

Toutes les difficultés proviennent de ce que le numéraire n'accomplit que la moitié de sa tâche ; il sort de la Banque, mais il y rentre difficilement. Quel est le moyen de l'y faire revenir ?

Telle est la solution à trouver.

Lorsqu'il y a crise, le meilleur moyen de faire revenir à la Banque le numéraire éparpillé dans tout l'intérieur du pays, c'est de le solliciter par un appel énergique. L'appel le plus énergique c'est de l'acheter avec prime.

La possibilité pour la Banque de France d'acheter le numéraire avec prime, tout en continuant à rembourser les billets de banque au pair et à vue, consiste en ce que, fort heureusement, notre étalon monétaire est représenté par l'or et l'argent ; il en résulte que la Banque peut, par exemple, acheter l'or et payer en argent ou acheter l'argent et payer en or, suivant la situation du moment.

Le moyen d'assurer la régularité de la circulation et de triompher des difficultés monétaires, consiste donc pour la Banque, à acheter, soit l'or, soit l'argent, directement au public, et non pas comme elle l'a fait jusqu'à ce jour, à des changeurs ou banquiers qui ont alors tout intérêt à ce que la Banque continue ses achats.

Il n'est pas inutile, à ce sujet, de rappeler que la spéculation sur les métaux précieux consiste à pousser constamment à la hausse d'un métal pour le racheter avec l'autre et profiter de la différence.

Cette spéculation, qui peut se comparer, quant aux résultats, à l'action du drainage, existe principalement et sur une grande échelle, entre Londres, Bruxelles, Amsterdam, Anvers et Paris. Eh bien! ce que font les spéculateurs en métaux précieux dans un but d'intérêt privé, rien ne s'oppose à ce que la Banque le fasse dans un but d'intérêt général et en vue de couper court à toutes les difficultés monétaires.

Que la Banque de France, pour assurer l'équilibre de la réserve métallique et la régularité du mouvement d'évolution de la circulation monétaire, soit constamment acheteur, en temps difficile, de l'un ou de l'autre métal, et elle possédera le véritable moyen d'attirer le numéraire quand les besoins l'exigeront.

Ce n'est pas un moyen nouveau et empirique, que nous proposons, ce moyen a déjà fait ses preuves et peut se définir en deux mots :

SOUSCRIPTION PUBLIQUE.

La souscription publique, en effet, a déjà réussi à constituer le capital de tous nos chemins de fer et de nos principales entreprises d'industrie, de plus elle vient d'être brillamment inaugurée, ces dernières années, au service du Crédit public par le gouvernement de S. M. l'Empereur.

La Banque de France, en adoptant une telle mesure, possédera un immense levier qui lui permettra d'assurer constamment l'équilibre de la réserve métallique ; n'étant plus menacée par cette épée de Damoclès toujours suspendue sous forme de diminution de l'encaisse, elle rentrera donc véritablement dans l'entière plénitude de sa puissance d'action, et rien ne s'opposera plus à ce que : ESCOMPTANT LARGEMENT ET A BAS PRIX, ELLE NE CONTRIBUE DANS DES PROPORTIONS DE PLUS EN PLUS ÉTENDUES, A DÉVELOPPER D'UNE MANIÈRE RÉGULIÈRE ET DURABLE L'AISANCE GÉNÉRALE ET LA PROSPÉRITÉ RÉELLE DU PAYS.

RÉSUMÉ.

LE MOYEN naturel d'attirer le numéraire à la Banque de France et de triompher ainsi des difficultés monétaires, c'est de faire appel directement, aux ressources métalliques du pays.

En achetant le numéraire à BUREAU OUVERT *et avec prime à Paris et dans les Succursales*

LA POSSIBILITÉ d'acheter le numéraire avec prime, tout en continuant à rembourser les billets debanque au pair et à vue, consiste (1) :

A acheter au public, *soit l'or, soit l'argent,* AVEC PRIME ;

A rembourser les billets de banque, soit en argent, soit en or, AU PAIR.

LA RÉUSSITE de cette combinaison réside dans l'influence irrésistible de la prime qui attirera à la

____

(1) Suivant la situation du moment.

Banque (*suivant le métal acheté*), tout l'or ou tout l'argent éparpillé dans l'intérieur du pays.

Le numéraire, OR OU ARGENT, reprenant le chemin de la Banque et facilitant la reconstitution de l'encaisse métallique, l'opinion, qui s'était tellement alarmée de sa diminution, serait bien vite rassurée, et, dès que le mouvement serait bien lancé, que le métal acheté affluerait de toutes parts, la Banque suspendrait ses achats; car le but serait atteint, la confiance rétablie.

L'équilibre de la réserve assuré.

L'EXPÉRIENCE de cette combinaison est constatée par l'EXEMPLE MÊME DU GOUVERNEMENT, lors des derniers emprunts, dont la merveilleuse réussite atteste l'infaillible succès de toute combinaison, reposant comme point d'appui, ainsi que nous le proposons, sur la SOUSCRIPTION PUBLIQUE, c'est-à-dire SUR L'APPEL DIRECT AUX RESSOURCES DU PAYS.

CONCLUSION.

La fin de l'année approche et les affaires ayant été très-difficiles, le commerce aura grand besoin d'user de toutes les ressources du crédit. Il est donc nécessaire, si l'on veut lui en faciliter la possibilité, de hâter énergiquement la solution des embarras.

Nous n'avons pas la prétention d'avoir indiqué un remède infaillible, nous croyons seulement avoir rempli un véritable devoir en cherchant à émettre des idées utiles, et nous possédons l'entière conviction d'avoir précisé l'exacte cause du mal, qui réside dans l'irrégularité et dans l'immobilisation de la circulation monétaire.

Cette conséquence fatale de l'immobilisation du numéraire, avait été constatée depuis longtemps déjà par Boisguillebert, ainsi qu'il résulte de la citation suivante :

« *Le corps de la France souffre lorsque l'argent* « *n'est pas dans un mouvement continuel* (1). »

Développer la puissance monétaire, communiquer le mouvement, la vie, l'activité à tout le numéraire improductivement thésaurisé ou conservé sans emploi dans tout l'intérieur du pays, tel est le moyen d'assurer une constante activité dans toutes les branches de la production, activité si désirable et si facile à obtenir; l'inépuisable Trésor de la Nature, sous forme de Matières premières, étant perpétuellement à notre disposition.

En profiter de plus en plus largement, c'est là ce qui constitue l'accroissement général des Richesses et le développement réel de la Prospérité.

Il est à regretter que la Banque diffère si longtemps l'émission des petits billets de 50 fr., ils activeraient la circulation et donneraient lieu à une immense économie de numéraire.

Dans son remarquable discours, M. Blanche a parfaitement signalé un moyen pratique de suppléer à l'insuffisance de la monnaie métallique.

L'exemple de l'Angleterre, où presque toutes les transactions et les paiements s'effectuent sans le secours des espèces.

____

(1) *Économistes financiers du dix-huitième siècle*, page 212.
(COLLECTION GUILLAUMIN).

Tout se règle au moyen de chèques, de bons de compensation, de virements.

Pourquoi n'en serait-il pas ainsi en France?

Quelques essais ont bien eu lieu, mais ils sont insignifiants.

La mise en pratique d'un tel système exigerait, il faut le dire, de très-grandes garanties.

Il ne suffit pas de délivrer des chèques, il faut que les fonds soient réellement à la disposition du porteur.

Cette conséquence, si obligatoire, serait-elle toujours régulièrement maintenue?

S'il était possible de donner l'assurance que les chèques seraient toujours exactement payés, rien ne serait plus facile que de les faire accepter comme paiement.

Faudrait-il, pour obtenir une rigoureuse exactitude, considérer le fait de la remise d'un chèque non couvert, comme un délit d'abus de confiance?

Ce serait un moyen très-énergique, mais bien délicat et bien difficile à appliquer.

Une puissante Société pourrait-elle s'engager à assurer le paiement des chèques en apposant son visa de garantie, moyennant l'engagement, par le tireur, de payer une commission et de se soumettre à des conditions convenues?

Il doit y avoir quelque chose de praticable dans ces idées, et les résultats qui seraient obtenus seraient tellement profitables qu'il y aurait grande utilité à provoquer une discussion sérieuse à ce sujet.

Des bruits d'emprunt ont circulé, le grand bien que nous verrions dans l'ouverture d'une Souscription Publique, consisterait en ce que l'un des puissants résultats obtenus serait de rappeler énergiquement le numéraire dans la circulation, et de couper court ainsi aux difficultés monétaires, en établissant au grand jour, par un chiffre Colossal de souscription, l'immense puissance financière et l'incalculable Richesse du pays.

La réalisation d'un tel fait, ne permettrait plus, même à l'esprit le plus prévenu, d'élever le moindre doute sur les Ressources considérables et sur les merveilleux éléments de Prospérité que notre belle France possède à un si haut point.

Par suite de cet heureux et tout naturel retour à la confiance dans les ressources et dans l'immense Puissance productive de la France, un vigoureux essor serait imprimé à toute la Production du pays, et à l'aide de nouvelles et abondantes richesses dont on favoriserait ainsi la création :

ON ARRIVERAIT RAPIDEMENT A COMBLER LE DÉFICIT QUE TANT D'EMBARRAS SUCCESSIFS ONT DU NATURELLEMENT OCCASIONNER DANS LA RICHESSE DU PAYS.

Novembre 1861.

Paris. — Imprimerie de L. TINTERLIN, rue Neuve-des-Bons-Enfants, 3